Inhalt

Arbeitsschutz - Sicherheit und Gesundheit am Arbeitsplatz ist Chefsache

Kernthesen

Beitrag

Fallbeispiele

Weiterführende Literatur

Impressum

Arbeitsschutz - Sicherheit und Gesundheit am Arbeitsplatz ist Chefsache

Anja Schlatt

Kernthesen

- Die Sicherheit und Gesundheit der Arbeitnehmer zu schützen gilt als eine der wichtigsten Aufgaben der Arbeitgeber.
- Investitionen in Arbeitsschutz zahlen sich auch wirtschaftlich aus: der Return on Prevention liegt bei 2,2.
- Die Einhaltung und Sicherstellung der Arbeitssicherheit ist Chefsache, der Arbeitgeber ist verantwortlich.

- Am Welttag für Sicherheit und Gesundheit am Arbeitsplatz 2012 wurde als Schwerpunktthema die Förderung von Sicherheit und Gesundheit in einer ökologischen Wirtschaft gewählt. Hintergrund: Für viele "grüne" Technologien und Herstellungsprozesse existieren noch keine ausreichenden Arbeitsschutzmaßnahmen.

Beitrag

Sicherheit und Gesundheit als wichtigste Aufgabe

Entsprechend dem obersten Ziel, die physische und psychische Gesundheit der Mitarbeiter zu erhalten, gilt es, Arbeitsunfälle zu vermeiden, ihre Folgen zu minimieren und personenbezogenen Schutz bei der Arbeit zu gewähren. Dazu ist es erforderlich zu analysieren, bei welchen Vorgängen im Betrieb Gefährdungen auftreten können. Durch Arbeitsschutzgesetz (ArbSchG) und Grundsätze der Prävention (BGV A1 bzw. GUV-V A1) wird festgelegt, dass alle Arbeitgeber - ungeachtet der Mitarbeiterzahl - die bestehenden

Arbeitsbedingungen hinsichtlich der Arbeitssicherheit überprüfen und notwendige Schutzmaßnahmen einleiten müssen. Im Anschluss ist eine Dokumentation der Prüfergebnisse erforderlich sowie eine Kontrolle der Wirksamkeit getroffener Maßnahmen. Die systematische Ermittlung und Erarbeitung geeigneter Arbeitsschutzmaßnahmen wird als Gefährdungsbeurteilung bezeichnet. (1), (2), (3), (4)

Investitionen in Arbeitsschutz zahlen sich aus

Durch gewissenhafte Wahrnehmung der Aufgaben des Arbeitsschutzes können nachweislich Arbeitsunfälle verhindert, Berufskrankheiten und arbeitsbedingte gesundheitliche Probleme reduziert oder sogar vermieden werden. So wurde die Arbeitsunfallquote je tausend Vollarbeiter in Deutschland im Branchendurchschnitt in den letzten zwanzig Jahren halbiert von 54,4 (1990) auf 27,4 (2010). Allerdings besteht immer noch ein Nachholbedarf im Arbeitsschutz-Engagement bei kleinen und mittleren Unternehmen (KMU). (3), (5)

Darüber hinaus konnte mittlerweile auch belegt werden, dass Investitionen in Arbeitsschutz für Unternehmen durchaus profitabel sind. Eine Studie der Internationalen Vereinigung für Soziale Sicherheit (IVSS), der Deutschen Unfallversicherung (DGUV) und der Berufsgenossenschaft Energie-Textil-Elektro-Medienerzeugnisse (BG ETEM) zeigt auf, dass die Rendite dieser Investitionen mehr als das Doppelte der investierten Summe beträgt. Die 300 befragten Unternehmen in 16 Ländern errechneten einen sogenannten Return on Prevention (ROP) von 2,2. (6)

Arbeitssicherheit ist Chefsache

Das Thema Arbeitsschutz obliegt aus rechtlicher Sicht immer dem Arbeitgeber, auch wenn dieser sowohl fachkundige Externe sowie Führungs- und Fachkräfte für Arbeitssicherheit beauftragen kann. Dementsprechend ist es besonders wichtig, dass Führungskräfte ihre Rolle und ihre Pflichten im betrieblichen Arbeitsschutz genau kennen und umfassend geschult und informiert sind. (3), (7)

Was die Wahrnehmung eines freiwilligen umfassenden betrieblichen Gesundheitsmanagements über die gesetzliche Verpflichtung zum Arbeitsschutz hinaus betrifft, werden in Deutschland jedoch noch lange nicht alle Potenziale wahrgenommen. Eine Befragung von 800 Unternehmen unterschiedlicher Branchen und Betriebsgrößen ergab, dass das Gesundheitspotenzial nur zu 38 Prozent durch systematisches Management gepflegt wird. (8)

Fachkräftemangel rückt Arbeitsschutz und Gesundheit in Fokus

Auch im Personalmanagement wird heute von der Nachhaltigkeit im Sinne vom Erhalt der physischen und psychischen Leistungsfähigkeit sowie der Förderung von Kompetenzen und Motivation gesprochen. Die schon früher allseits erwähnten Beteuerungen vom Menschen als "der wertvollsten Ressource" gewinnen vor den aktuellen Trends des Fachkräftemangels, der Überalterung des Personals. der zunehmenden Produktkomplexität und des technologischen Wandels besondere Bedeutung. Die Gesundheit der Beschäftigten rückt in den Fokus und damit einhergehend die Themen Arbeitsschutz und betriebliches Gesundheitsmanagement. Schließlich werden bei der Personalakquisition letztendlich die Unternehmen erfolgreich sein, deren Unternehmensphilosophie auch der Gesundheit der Mitarbeiter einen erheblichen Stellenwert beimisst. (8)

Trends

Thema beim Welttag für Sicherheit und Gesundheit am Arbeitsplatz: Green Economy

Der alljährlich am 28. April stattfindende Welttag für Sicherheit und Gesundheit am Arbeitsplatz hatte als Schwerpunktthema in diesem Jahr die Förderung von Sicherheit und Gesundheit in einer ökologischen Wirtschaft gewählt. Die Welt bewegt sich hin auf eine "grünere", nachhaltigere Wirtschaft. Die internationale Arbeitsorganisation (ILO), eine Sonderorganisation der Vereinigten Nationen, weist in diesem Zusammenhang gemeinsam mit den Berufsgenossenschaften und Unfallkassen darauf hin, dass für den Arbeitsschutz im Bereich der erneuerbaren Energien neue, zunehmende Herausforderungen bestehen. Aufgrund der Energiewende und dem Trend zum nachhaltigeren Wirtschaften werden umweltschonende Technologien forciert sowie interessante zukunftsorientierte Arbeitsplätze geschaffen, die als grün bezeichnet werden. So arbeiten im Wirtschaftssektor erneuerbare Energien heute bereits 4,2 Millionen Beschäftigte weltweit mit einem potentiellen Wachstum auf 30 Millionen Menschen in 2030. Dabei muss klar sein, der Arbeitsschutz steht gerade bei diesen Arbeitsplätzen vor neuen Aufgaben, um die Arbeitssicherheit und Gesundheit der Beschäftigten zu gewährleisten. Derzeit gibt es noch keine ausreichenden Schutzmaßnahmen für zahlreiche Arbeitsgebiete in der Green Economy. Beispielsweise müssen Konzepte erarbeitet werden zur Unfallrettung von Verletzten in Offshore-Windanlagen oder Leitlinien für den Umgang mit neuartigen Stoffen wie Cadmiumtellurid, das zur Herstellung von Solarzellen eingesetzt wird. In Photovoltaikanlagen werden zahlreiche Gefahrstoffe verarbeitet, was zum einen bei Produktion und Recycling berücksichtigt werden muss, zum anderen auch einen Spezialschutz für Feuerwehrleute im Brandfall erfordert. (9), (10)

ILO Report: Promoting safety and health in a green economy verfügbar

Der Einsatz vieler grüner Technologien führt ebenso wie die Verwendung neuer Materialien auch in der sogenannten Green Economy zu neuartigen Gesundheitsrisiken und Gefährdungssituationen für Beschäftigte bei Installation, Herstellung, Wartung und letztlich auch bei der Entsorgung. Anlässlich des Aktionstages 2012 wurde deshalb von der Internationalen Arbeitsorganisation (ILO) ein Report zum Thema Promoting safety and health in a green economy herausgegeben, der im Internet kostenlos heruntergeladen werden kann. Der ILO-Report gibt Hinweise zur Erkennung und Abwehr neu entstandener Risiken und macht deutlich, wie Arbeitssicherheit und Arbeitsschutz in die grünen Arbeitsplätze integriert werden können. (11)

Fallbeispiele

Windenergie: Schulung von Offshore-Personal durch Areva Wind

Areva Wind führt gemeinsam mit Partnern Schulungen von Offshore-Personal in Bremerhaven durch. An einer Fünf-Megawatt-Turbine werden Montage- und Servicemitarbeiter darauf vorbereitet, welche Arbeiten sie zur Installation einer vergleichbaren Turbine später durchführen müssen. Gussteile, Maschinenträger und andere Teile dienen den Schulungsteilnehmern zur Simulation unter realitätsnahen Bedingungen. Auch die Bergung aus Bereichen der Turbine soll geübt werden- demnächst in einem im Bau befindlichen Offshore-Trainingscenter. (12)

Chemikalienresistente Schutzkleidung mit antistatischen Eigenschaften

Die Chemikalienschutzkleidungskollektionen Ideal Protect Special und Twinstar Protect Special der Firma Mewa bieten Schutz gegen flüssige Chemikalien nach EN 13034 Typ 6 und konnten außerdem zertifiziert werden nach EN 1149-3 und EN 1139-5 durch ihre Antistatikmerkmale. (13)

Servicepaket Gefährdungsbeurteilung für Kranführer und Anschläger

Die Firma Demag Cranes bietet ein umfangreiches Servicepaket für die spezifischen Bedürfnisse von Kran- und Hebezeugbetreibern als Basis für einen präventiven Arbeitssicherheits- und Gesundheitsschutz. Dieses umfasst die professionelle Unterstützung bei der Feststellung von Gefährdungen (Gefährdungsbeurteilung) unter anderem anhand der Gefährdungskataloge der Berufsgenossenschaft. Die ermittelten Gefährdungen werden in einer Datenbank erfasst und mit bereits vorliegenden Gefährdungskatalogen aus anderen

Projekten verglichen, so dass Handlungsempfehlungen vorgeschlagen werden können. Die Gefährdungsbeurteilung erfolgt wahlweise tätigkeits- oder arbeitsbereichsbezogen und/oder personen-/berufsgruppenspezifisch. Nach vollständiger Dokumentation und Abschlussgespräch kann die Umsetzung erfolgen. (4)

Weiterführende Literatur

(1) Nachhaltigkeit als Personalkonzept
aus PERSONALmagazin, Heft 03/2012, S. 44

(2) Arbeitsschutz im Netzwerk
aus GIT SICHERHEIT + MANAGEMENT vom 11.06.2012, Heft 6/2012, Seite 92

(3) Prävention schafft Zukunft
aus IHK-Magazin - Wirtschaftsnachrichten der IHK Mittlerer Niederrhein Nr. 07 vom 02.07.2012 Seite 41

(4) Gefährdungsbeurteilung
aus handling, Heft 06/2012, S. 52

(5) Trittsicher? Höhere Unfallquoten 2010
aus Immobilien Zeitung Nr. 11 vom 15.03.2012 Seite 8

(6) Erfolgsfaktor Arbeitsschutz
aus GIT SICHERHEIT + MANAGEMENT vom 02.05.2012, Heft 5/2012, Seite 36

(7) Neufeld, Tobias: Gesunde Mitarbeiter als Führungsaufgabe - Gesundheitsmanagement, Arbeit und Arbeitsrecht, Heft 05/2012, 04.05.2012, S. 282-285, 3A92B416AC3051D9A207227FABBD97EC
aus GIT SICHERHEIT + MANAGEMENT vom 02.05.2012, Heft 5/2012, Seite 36

(8) Kluge Köpfe lockt nicht nur das Geld
aus VDI NR. 25 VOM 22.06.2012 SEITE 18

(9) Energiewende schafft neue Herausforderungen für den Arbeitsschutz / DGUV und ILO zum Welttag für Sicherheit und Gesundheit am Arbeitsplatz
aus news aktuell, 2012-04-26

(10) Auf dem Weg in eine Green Economy
aus Behörden Spiegel Heft 06/2012

(11) Promoting safety and health in a green economy von 9.6.2012
aus Behörden Spiegel Heft 06/2012

(12) Areva unterstützt Offshore-Schulung
aus neue energie, Heft 05/2012, S. 26

(13) Chemikalienresistente Schutzkleidung mit antistatischen Eigenschaften
aus neue energie, Heft 05/2012, S. 26

Impressum

Arbeitsschutz - Sicherheit und Gesundheit am Arbeitsplatz ist Chefsache

Bibliografische Information der deutschen Nationalbibliothek

Die Deutsche Nationalbibliothek verzeichnet diese Publikation in der deutschen Nationalbibliografie; detaillierte bibliografische Daten sind im Internet über http://dnb.d-nb.de abrufbar.

ISBN: 978-3-7379-1132-0

© 2015 GBI-Genios Deutsche Wirtschaftsdatenbank GmbH, Freischützstraße 96, 81927 München, www.genios.de

Alle Rechte vorbehalten. Dieses Werk ist einschließlich aller seiner Teile – z.B. Texte, Tabellen und Grafiken - urheberrechtlich geschützt. Jede Verwertung außerhalb der Grenzen des Urheberrechtsgesetzes bedarf der vorherigen Zustimmung des Verlags. Dies gilt insbesondere auch für auszugsweise Nachdrucke, fotomechanische

Vervielfältigungen (Fotokopie/Mikroskopie), Übersetzungen, Auswertungen durch Datenbanken oder ähnliche Einrichtungen und die Einspeicherung und Verarbeitung in elektronischen Systemen.